Meine kleine vegane METZGEREI

Sébastien Kardinal

Meine kleine vegane METZGEREI

Fotos & Styling: Laura Veganpower

Aus dem Französischen von Petra Wucher

HANS-NIETSCH-VERLAG

Dieses Buch widme ich allen
Hobbyköchen und Feinschmeckern,
die auf kulinarischen Genuss Wert legen
und nicht wollen,
dass dafür Tiere leiden müssen.

Inhalt

Einführung in die Welt der Fleischersatzprodukte

„Auf Fleisch könnte ich nie verzichten, es schmeckt mir einfach zu gut." Wie oft müssen Vegetarier diesen Satz hören! Er wird Ihnen immer wieder von Fleischliebhabern entgegengehalten, wenn es um den Verzicht auf tierische Produkte geht. Und in der Tat herrscht in weiten Teilen der Bevölkerung bis heute das Bild vom asketischen, freud- und genusslosen Vegetarier vor. Doch Probieren geht über Studieren! Die Skeptiker werden zu ihrer Überraschung bald feststellen, dass sich die vegane Küche in letzter Zeit deutlich verbessert hat und weit mehr bietet als langweiligen Vollkornreis mit gedämpftem Gemüse. Bioläden und Reformhäuser führen heutzutage ein vielfältiges Sortiment an rein pflanzlichen Würstchen, Steaks und Schnitzeln. Denn längst haben die Hersteller eine große Bandbreite neuer Produkte entwickelt, die dem Fleisch in Textur und Geschmack, aber auch im Proteingehalt sehr nahekommen.

Das Kochen mit Fleischersatz ist kein Phänomen unserer Zeit – bereits vor 2000 Jahren verarbeiteten buddhistische Mönche im alten China Glutenmehl zu Seitan und begründeten damit eine vegetarische Esskultur. Nach Europa kam der Vegetarismus erst in den 1970er-Jahren, als die makrobiotische Ernährungsweise immer mehr Anhänger fand. Seither hat sich im Bereich der vegetarischen und veganen Ernährung einiges weiterentwickelt und viele Fleischersatzprodukte sind heute aus unserer Küche gar nicht mehr wegzudenken.

Natürlich können Sie ganz einfach in den Bioladen gehen und dort Ihre Fleischersatzprodukte kaufen. Wenn Sie sich aber lieber selbst ans Werk machen, dann finden Sie in *Meine kleine vegane Metzgerei* 25 originelle Rezepte und viele Tipps für die Zubereitung von Fleischersatz. Das „vegane Metzgern" macht großen Spaß, schmeckt lecker und ist dazu noch sehr gesund. Lassen Sie sich überzeugen: Meine veganen Fleisch- und Wurstgerichte sind ein wahrer Augen- und Gaumenschmaus!

Um besonders leckere, gesunde und aromatische Speisen zuzubereiten, sollten Sie alle Zutaten frisch, saisonal, aus regionalem Anbau und in Bio-Qualität einkaufen!

Kleine Warenkunde

Glutenmehl

Glutenmehl, auch „Weizengluten" genannt, bleibt zurück, wenn man den Stärkeanteil im Mehl mehrfach mit viel Wasser herauswäscht und -knetet. Dieses Gluten (Klebereiweiß) ist vor allem in Weizen und Dinkel in großen Mengen enthalten. Glutenmehl können Sie selbst aus Weizenmehl herstellen oder in Pulverform im Bioladen (z. B. als *Seitan Fix)* kaufen. Das äußerst quellfähige Mehl schmeckt neutral, erst Gewürze und Kräuter verleihen ihm Geschmack. Menschen, die unter Glutenintoleranz oder Zöliakie (chronische Darmentzündung) leiden, vertragen Glutenmehl leider nicht.

Haselnüsse und Mandeln

Haselnüsse und Steinfrüchte wie Mandeln können zusammen mit anderen Zutaten zu einem raffinierten, nährstoffreichen und aromatischen Fleischersatz verarbeitet werden. Ihre Fette verleihen meinen veganen Kreationen eine angenehme Konsistenz. Außerdem leisten ihre wertvollen Mikronährstoffe einen wichtigen Beitrag zur gesundheitsbewussten Ernährung!

Hülsenfrüchte

Die häufigsten Vertreter dieser wertvollen Protein- und Mineralstofflieferanten sind Kichererbsen, weiße oder rote Bohnen, verschiedene Sorten von Linsen und vor allem Sojabohnen. Sie können auf ganz vielfältige Art und Weise zubereitet und mit vielen anderen Zutaten kombiniert werden. So lässt sich beispielsweise aus Linsen und Weizengluten mit Kräutern und Gewürzen eine unglaublich leckere Wurst zaubern. Die meisten getrockneten Hülsenfrüchte müssen vor ihrer Verarbeitung eingeweicht und gekocht werden, oft findet man sie in den Geschäften aber schon gebrauchsfertig im Glas.

Panko-Mehl

Panko-Mehl ist ein traditionelles japanisches Paniermehl. Es ist nicht nur heller als unser Paniermehl, sondern auch gröber und ergibt deshalb eine wunderbar lockere und knusprige Panade. Sie finden das japanische Paniermehl normalerweise in gut sortierten Asia-Läden, es kann aber auch durch normale Semmelbrösel oder Paniermehl ersetzt werden.

Seitan

Dieser eiweißreiche Fleischersatz wird auf der Grundlage von Glutenmehl hergestellt. Dazu wird dieses Mehl mit Wasser zu einem schwammartigen Teig verknetet. Anschließend wird die Teigmasse in die gewünschte Form gebracht und in einem würzigen Sud etwa ½ Stunde gekocht oder gedämpft, wodurch Seitan seine fleischartige Textur und Geschmack erhält. Vor der Zubereitung als Ragout, Schnitzel oder Braten wird es 2 Tage im Sud im Kühlschrank aufbewahrt, damit sich dessen Geschmack im Seitan gut entfalten kann. Natürlich können Sie Seitan auch im Bioladen verzehrfertig im Glas kaufen.

Seitan ist eine wunderbare Alternative zu Fleisch – aber leider für Menschen, die unter Glutenintoleranz oder Zöliakie (chronische Darmentzündung) leiden, ebenfalls nicht geeignet.

Sojacreme

Diese rein pflanzliche Sojasahne besteht aus Sojadrink, pflanzlichem Öl sowie natürlichen Emulgatoren und Stabilisatoren. Die Mischung dieser Zutaten sorgt dafür, dass man am Ende eine cremig-sahnige Flüssigkeit bekommt, die in ihrer Konsistenz der Sahne aus Kuhmilch ziemlich ähnelt und in der Küche auch ganz ähnlich verwendet werden kann.

Soja-Fleischersatz

Für Soja-Fleischersatz wird zunächst Sojamehl ausgepresst, um seinen Fettanteil zu reduzieren. Anschließend wird das fettarme Sojamehl gepufft, wodurch eine fleischähnliche Konsistenz entsteht. Diese Form von „Sojafleisch" können Sie in sehr unterschiedlicher Form kaufen – von Sojagranulat über feine, mittlere und grobe Sojaschnetzel und Sojawürfel bis hin zu Sojamedaillons und Sojasteaks. Um dem Soja-Fleischersatz wieder Flüssigkeit zuzuführen, muss er vor der Zubereitung eingeweicht werden – am besten in einer pikanten Gemüsebrühe. Nach dem Garen ist er in der Textur weißem Geflügel- oder Kaninchenfleisch sehr ähnlich. Der Geschmack des Sojafleisches hängt allein von den Würzmitteln ab, die dem Einweichwasser zugegeben werden. Soja-Fleischersatz erhalten Sie im Bioladen und im Reformhaus.

Tapioka

Dieses geschmacksneutrale Stärkemittel wird aus der Wurzel des Maniokstrauchs in einem relativ aufwendigen Verfahren gewonnen. Bei uns ist es in Flockenform oder als weiße Kügelchen (Perltapioka) erhältlich. Es wird in Brasilien sowie in einigen afrikanischen und asiatischen Ländern oft zur Herstellung von Süßspeisen verwendet, eignet sich aber auch hervorragend zum Binden von Suppen und Saucen. Tapioka ist sehr gut verträglich, da es frei von Gluten ist und Allergien dagegen nicht bekannt sind. Sie finden es in Asia-Läden, in Bioläden und Reformhäusern.

Tempeh

Bei der Herstellung von Tempeh werden Sojabohnen geschält, gekocht und dann mit einer Edelpilzkultur (Rhizopus oligosporus) geimpft. Durch das Fermentieren entsteht eine schnittfeste Masse. Diese traditionelle Zutat der indonesischen Küche hat einen milden, ganz eigenen Geschmack. Tempeh wird meist zu veganen Würstchen oder Schnitzeln verarbeitet und im Bioladen vakuumverpackt angeboten. Es ist auch geräuchert erhältlich. Wie Tofu schmeckt auch Tempeh am besten, wenn man es vor der Zubereitung in einem würzigen Sud mariniert. Tempeh erhalten Sie im Bioladen und im Reformhaus.

Tofu

Der Klassiker unter den Fleischersatzprodukten ist der Tofu, der aus Sojabohnen erzeugt wird und in der Regel als weißer Block erhältlich ist. Er kann je nach Herstellungsart sehr fest oder cremig weich (Seidentofu) sein. In seiner Urform ist Tofu relativ geschmacksneutral und sollte daher immer gut gewürzt werden. Im Handel findet man das Sojaprodukt in unzähligen Geschmacksrichtungen – vom Kräuter- bis zum Räuchertofu.

Würzmittel

Fleischersatzprodukte schmecken recht fade, wenn sie nicht gewürzt werden. Deshalb spielen Kräuter und Gewürze eine besonders wichtige Rolle in der veganen Fleischküche. Erst Pfeffer, Koriander, Kreuzkümmel, Paprika und Chili sorgen für ein ausgewogenes Aroma, ohne dass ein Gewürz besonders hervorsticht. Wenn Sie sich mit den unterschiedlichen Gewürzen eingehend beschäftigen, werden Sie sich beim Würzen bald sicherer fühlen. Unangenehme Überraschungen können Sie vermeiden, indem Sie neue Gewürze zuerst einmal vorsichtig in einem Probegang testen. Ich möchte Ihnen hier einige der Würzmittel vorstellen, die ich besonders oft und gern verwende.

Dijon-Senf: In der Regel verwende ich für Saucen und Dressings, zu Würstchen und zum Fleisch den scharfen Senf aus Dijon. Er wird aus den Samenkörnern des braunen oder des schwarzen Senfs und dem Saft von unreifen Trauben hergestellt. Dijon-Senf ist besonders gut zum Kochen geeignet, da die Samenkörner nicht entölt werden.

Garam Masala ist eine traditionelle indische Gewürzmischung aus Kardamom, Zimt, Gewürznelken, schwarzem Pfeffer, Kreuzkümmel und einigen anderen exotischen Gewürzen. Sie ist für indische Currys und Tandooris eine unverzichtbare Zutat (Bezugsquellen siehe Seite 76).

Harissa: Die scharfe Gewürzmischung aus dem Maghreb ist sowohl als Paste als auch in Pulverform erhältlich (Bezugsquellen siehe Seite 76). Harissa besteht u. a. aus frischem Chili, Kreuzkümmel, Koriandersamen, Knoblauch, Salz und Olivenöl, wobei die Zusammensetzung regional verschieden ist.

Liquid Smoke (Flüssigrauch): Bei der Herstellung von Liquid Smoke (Bezugsquelle siehe Seite 76) wird Rauch, der beim Verbrennen von Holz (vor allem von Hickory-Holz) entsteht, kondensiert, gereinigt und in Flaschen abgefüllt. Es sollte keine Farb- oder andere Zusatzstoffe enthalten! Das können Sie am besten durch den Kauf eines Konzentrats vermeiden – denn oft sind die mit Wasser verdünnten Produkte auch mit Zusatzstoffen versetzt.

Meaux-Senf: Dieser eher rustikale, aber dennoch sehr delikate Senf kommt ursprünglich aus der französischen Stadt Meaux. Zu seiner Herstellung werden grob gemahlene oder ganze Senfkörner, Essig sowie eine fein abgestimmte Mischung aus Kräutern und Gewürzen verwendet. Er passt hervorragend zu kalten, gebratenen oder gegrillten veganen Würsten oder Fleischgerichten.

Mirin: Dieser süße japanische Reiswein erhält seinen typischen Geschmack durch Klebreis, der mit einem Pilz geimpft wurde. Er enthält etwa 14 Prozent Alkohol. Normalerweise wird Mirin nur zum Würzen verwendet. Sie werden Mirin in jedem Asia-Laden finden.

Misopaste: In einem aufwendigen Herstellungsverfahren werden Sojabohnen gekocht und mit Salz, Reis oder Gerste in Zedernholzfässern fermentiert. In Asien gibt es Miso in zahlreichen Geschmacksrichtungen und Farbabstufungen. Es ist reich an Eiweiß und B-Vitaminen und enthält etwa 1 Prozent Alkohol. Inzwischen finden Sie auch bei uns im Reformhaus, im Bioladen und im Asia-Laden eine gute Auswahl an Misopasten.

Pimentón d'Espelette: Diese Gewürzpaprikasorte wird am Fuße der französischen Pyrenäen im baskischen Espelette angebaut (Bezugsquelle siehe Seite 76). Sie ist milder als ihre mexikanischen oder indischen Verwandten und wird wegen ihres einzigartigen Aromas sehr geschätzt. Das Pulver ist ein wesentlicher Bestandteil der baskischen Küche und sorgt für ein pikantes, fruchtiges Aroma.

Pimentón de la Vera (geräucherter Paprika): Für dieses Gewürzpulver aus der spanischen Extremadura (Bezugsquelle siehe Seite 76) werden Paprikaschoten über Eichenholzrauch getrocknet und zu feinem roten Pulver vermahlen. Es gibt zwei Sorten, welche sich in Schärfe und Aroma unterscheiden: mild (*dulce*) und scharf (*picante*). Mittelscharfes Pulver (*agridulce*) wird aus einer Mischung der beiden Sorten hergestellt. Pimentón de la Vera verleiht Ihren Gerichten eine leicht rauchige Note und ist eine unverzichtbare Zutat für die spanische Wurstspezialität Chorizo.

Ras el-Hanout: Muskat, Rosenknospen, Zimt, Majoran, Anis, Chili, Lavendel, Ingwer, Gewürznelken, Kardamom, Pimentkörner, Koriander – das ist nur eine kleine Auswahl der bis zu 25 Zutaten, die für diese marokkanische Mischung verwendet werden. Ras el-Hanout gilt als Krönung der maghrebinischen Würzkompositionen (Bezugsquellen siehe Seite 76).

Sake: Dieser japanische Reiswein wird – anders als Mirin – nicht nur zum Würzen verwendet, sondern auch getrunken. Er ist weniger süß, dafür liegt sein Alkoholgehalt etwas höher, bei bis zu 20 Prozent. Sake können Sie in jedem Asia-Laden kaufen.

Sojasauce: Sojasauce gibt es in zwei Varianten: als Tamari (Bezugsquelle siehe Seite 76) oder als Shoyu. Tamari wird aus Sojabohnen, Meersalz und Wasser hergestellt, zur Herstellung von Shoyu wird außerdem noch Weizen dazugegeben. Ich verwende am liebsten Tamari, da diese Sauce etwas intensiver im Geschmack ist.

Tandoori: Diese indische Gewürzmischung wird als Paste oder Pulver angeboten. Sie ist eine Komposition einer Vielzahl von Gewürzen, u. a. von Chili, Koriander, Kreuzkümmel, Knoblauch, Ingwer, einem Hauch Zimt, Bockshornklee, Nelke, Lorbeer und sogar Anis. Normalerweise wird mit Tandoori-Paste Geflügelfleisch mariniert. Achten Sie darauf, dass Sie eine vegane Tandoori-Paste kaufen! Denn oft wird die Farbe durch die Zugabe von Karmin – eines Stoffes, der aus Schildläusen gewonnen wird – intensiviert (Bezugsquelle siehe Seite 76).

Würz-Hefeflocken: Die vegane Variante von Würz-Hefeflocken wird auf Melasse und nicht auf Molke gezüchtet. Bei der Verarbeitung entstehen gelbliche Flocken, die leicht nach Käse riechen und schmecken. Würz-Hefeflocken enthalten viele Proteine und Mikronährstoffe sowie Vitamin B_6. Vor allem in Suppen, Saucen und als Käseersatz auf veganen oder rohköstlichen Pizzen und Broten kommen sie hervorragend zur Geltung.

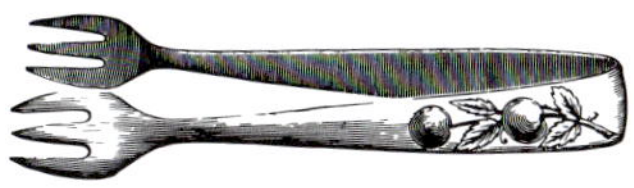

Einige Zutaten, die Sie immer vorrätig haben sollten …

An einigen Standardzutaten führt bei der Zubereitung von veganem Fleischersatz kein Weg vorbei. Dazu gehören **Tamari**, eine **vegane Worcestersauce** (ohne Sardellen), **Gemüsebrühe** (als Pulver oder Würfel) sowie **Liquid Smoke**. All diese Würzmittel (Bezugsquellen im Internet siehe Seite 76) verleihen Ihren rein pflanzlichen Wurst- und Fleischprodukten ein wunderbares und raffiniertes Aroma.

Wo finde ich die richtigen Zutaten?

Fast alle Zutaten für die Rezepte in *Meine kleine vegane Metzgerei* erhalten Sie im Bioladen, im Reformhaus oder in der Bioabteilung Ihres Supermarktes. Natürlich können Sie ausgefallenere Lebensmittel, Gewürze und Saucen auch im Internet bestellen. Doch nur einige wenige Zutaten und Gewürze müssen Sie bei Anbietern im Internet bestellen (Bezugsquellen siehe Seite 76).

Küchengeräte & hilfreiche Kochutensilien

Dampfgarer

Beim Dampfgaren bleiben Farbe, Geschmack, Biss und die Nährstoffe der Zutaten besser erhalten. Für die Zubereitung von Fleischersatz ist diese Garmethode besonders gut geeignet. Dabei wird Wasser in den Untersatz des Dampfgarers gefüllt, zum Kochen gebracht und darüber wird der Siebeinsatz mit dem Gargut gestellt. Durch den aufsteigenden Dampf werden Gemüse, vegane Würstchen oder Schnitzel zugedeckt sanft gegart. Sie können hierfür verschiedene Geräte verwenden: einen normalen Topf mit Deckel und Siebeinsatz, einen Wok mit Deckel und einem Bambuskörbchen, einen Römertopf mit Einsatz, einen Dampfkochtopf oder einen Backofen mit integriertem Dampfgarer.

Fleischwolf

Mit diesem guten, alten handbetriebenen Küchengerät lassen sich gekochtes Gemüse, Hülsenfrüchte und ähnliche Lebensmittel zerkleinern. In der veganen Küche können Sie damit „Gehacktes" z. B. für Tatar oder Burger sowie Füllungen u. v. m. und durch Austauschen des Vorsatzes sogar Paniermehl oder Plätzchen (Spritzgebäck) herstellen.

Küchenwaage

Kochen ist Präzisionssache und die Rezeptangaben in *Meine kleine vegane Metzgerei* sollten Sie unbedingt einhalten. Deshalb benötigen Sie auf jeden Fall eine Küchenwaage. Leider zeigen viele Geräte erst Mengen ab 5 Gramm an. Sie können Ihre Küchenwaage aber ganz leicht austricksen: Stellen Sie eine kleine Tasse auf die Waage, notieren Sie ihr Gewicht plus die gewünschte Menge der Zutat und geben von dieser so viel hinzu, bis die Anzeige auf die gewünschte Grammzahl klettert. Mit einer Briefwaage können Sie ebenfalls kleine Mengen exakt abwiegen.

Messer und ein Wiegemesser

Gute, scharfe Messer verschiedener Größe sowie ein Schälmesser sind natürlich das Allerwichtigste in jeder Küche. Und mit einem Wiegemesser können Sie Ihre Kräuter mühelos fein wiegen.

Mörser und Stößel

Für ambitionierte Hobbyköche, deren Ansprüchen fertig abgepackte Gewürze nicht genügen, sind Mörser und Stößel unverzichtbar zum Zerkleinern von Zimtstangen, Nelken, Pfefferkörnern, Kreuzkümmelsamen, Wacholderbeeren, Kardamomkapseln u. v. m. Der Aufwand lohnt sich durchaus, weil auf diese Weise beim Zerstoßen alle Aromen der Würzmittel frisch freigesetzt werden und ihr Geschmack deshalb viel intensiver zur Geltung kommt.

Pürierstab oder Mixer

Nicht selten muss zur Zubereitung von Fleischersatz Gekochtes zu einer homogenen Masse püriert werden, bevor daraus mit weiteren Zutaten ein Teig geknetet werden kann. Und zur Herstellung von Saucen brauchen Sie klümpchenfreie Flüssigkeiten als Grundlage. Ein Pürierstab oder ein Mixer leistet hierbei hervorragende Dienste. Wenn Ihre Küchenmaschine einen Mixeraufsatz hat, ist dieser natürlich ebenso gut geeignet.

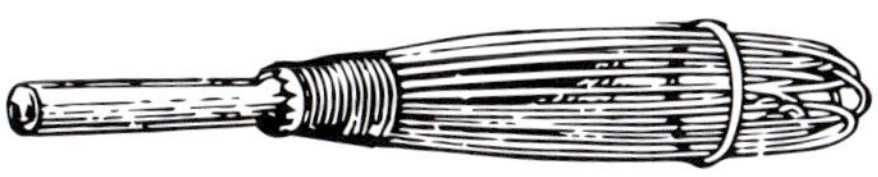

Meine kleine Wurstküche

Merguez

In Frankreich darf diese maghrebinische Spezialität bei keinem Grillfest fehlen. Meine veganen Merguez kommen natürlich ohne Lamm- oder Rindfleisch aus; sie werden aus roten Linsen und Glutenmehl hergestellt. Und die spezielle Gewürzmischung bringt den umwerfend pikanten Geschmack!

Für 14 Merguez · Zubereitungszeit: 20 Minuten · Garzeit: 1 Stunde

Wurstmasse: 200 g rote Linsen plus 550 ml Wasser • 4 g Fenchelsamen • 4 g Koriandersamen • 4 g Kreuzkümmelsamen • 1 g frisch geriebene Muskatnuss • 4 g Paprikapulver edelsüß • 3 g Zwiebelpulver • 2 g Knoblauchpulver • 15 g feines Meersalz • 50 g Harissa (siehe Seite 14) • 2 TL kaltes Wasser • 15 ml Olivenöl • 50 ml Rote-Bete-Saft • 30 g Tomatenmark • 200 g Glutenmehl (siehe Seite 12) • 20 g Tapioka (siehe Seite 13) •
Zum Anbraten: 2–3 EL Olivenöl

Für die Wurstmasse 550 Milliliter Wasser in einem Topf zum Kochen bringen und die roten Linsen darin bei mittlerer Hitze zugedeckt etwa 10 Minuten köcheln lassen, bis das Wasser vollständig aufgesaugt ist.

Währenddessen für die Gewürzmischung die Fenchel-, Koriander- und Kreuzkümmelsamen im Mörser zu einem feinen Pulver zerstoßen. Muskat, Paprika-, Zwiebel- und Knoblauchpulver sowie Salz untermischen. Die Mischung mit 2 Teelöffeln kaltem Wasser zu einer Paste verrühren, Harissa dazugeben und alles noch einmal gut vermengen.

Die Gewürzpaste zu den gekochten Linsen geben und das Ganze mit dem Pürierstab zu einer glatten Masse verarbeiten. Nun das Olivenöl, den Rote-Bete-Saft und das Tomatenmark unterrühren.

In einer Schüssel Glutenmehl und Tapioka vermischen. Das Linsenpüree nach und nach in die Mehlmischung einarbeiten und die Wurstmasse zu einem glatten Teig verkneten.

Aus dem Teig 14 etwa 1½ Zentimeter dicke und 20 Zentimeter lange Würste formen. Die Merguez in Frischhaltefolie einwickeln, an den Enden gut verschließen und 1 Stunde dampfgaren (siehe Seite 17). Danach die Folie umgehend entfernen und die Würste bei Zimmertemperatur abkühlen lassen.

Das Öl in einer Pfanne erhitzen und die Merguez einige Minuten darin anbraten – so werden sie schön glänzend.

Tipps: Die Merguez schmecken herrlich zu einem Gemüse-Couscous. Außerdem machen sie sich ganz wunderbar in einem Wrap oder Sandwich mit Pommes frites und Harissa.

Selbstverständlich können Sie die Würstchen auch auf den Grill legen, sie werden Ihrem Barbecue einen Hauch Exotik verleihen.

Schüsselpastete

Wenn auch Sie die Kaninchen lieber auf dem Feld hoppeln und keinesfalls im Kochtopf sehen wollen, werden Sie meine herzhafte Alternative zur französischen Kaninchenterrine lieben. Für diese deftige Speise brauchen Sie lediglich etwas Tofu, einige Champignons und, ganz wichtig: die richtigen Gewürze.

Für 1 Terrine oder 1 Kastenform · Zubereitungszeit: 20 Minuten
Garzeit: 1 Stunde

1 gelbe Zwiebel • 1 Knoblauchzehe • 1–2 EL Rapsöl • 15 ml Cognac • 400 g Champignons • 500 g fester Tofu • 4 Gewürznelken • 1 g frisch geriebene Muskatnuss • 10 g feines Meersalz • 2 g frisch gemahlener schwarzer Pfeffer • 10 Wacholderbeeren • 30 ml Tamari (siehe „Sojasauce", Seite 15) • 60 g Maisstärke • 6 EL Wasser

Den Backofen auf 200 °C vorheizen.

Zwiebel und Knoblauchzehe schälen, fein hacken und in einer Pfanne im Rapsöl goldgelb andünsten. Mit Cognac ablöschen und vom Herd nehmen.

Die Champignons putzen, fein hacken und beiseitestellen. Den Tofu gut abtropfen lassen und in einer Schüssel mit den Händen zerkrümeln oder grob schneiden und anschließend mit einer Gabel zerdrücken. Die Gewürznelken im Mörser ganz fein zerstoßen und mit Muskat, Salz, Pfeffer, den ganzen Wacholderbeeren sowie Tamari mit dem Bratensaft in der Pfanne verrühren.

Die Maisstärke mit dem Wasser klümpchenfrei verrühren.

Anschließend alle Zutaten in einer großen Schüssel gut miteinander vermengen und die Masse in eine rechteckige Terrinenform mit Deckel füllen und gut festdrücken. Den Deckel auf die Form geben und die Terrine auf der mittleren Schiene im Backofen 1 Stunde backen.

Die fertige Terrine aus dem Ofen nehmen und vollständig abkühlen lassen.

Tipps: Am besten reichen Sie frisches Brot und knackige Gewürzgurken zur Terrine.

Im Kühlschrank ist die Schüsselpastete mehrere Tage haltbar. Sollten Sie keine Terrinenform besitzen, können Sie für dieses Rezept auch eine normale Kastenform mit Deckel verwenden.

Chorizo

Die spanische Chorizo können Sie sich mit einem guten Brot schmecken lassen, sie macht sich aber auch hervorragend auf einer Pizza oder in einer Paella. Ihren charakteristischen Geschmack verdankt diese Wurstspezialität dem geräucherten Paprikapulver namens Pimentón de la Vera, einer Gewürzspezialität aus dem Baskenland.

Für 2 Würste · Zubereitungszeit: 30 Minuten · Garzeit für die Paprikaschoten: 20 bis 25 Minuten · Garzeit für die Würste: 1 Stunde

4 rote Paprikaschoten • 1 Knoblauchzehe • 30 ml Olivenöl • 150 ml kaltes Wasser • 2 g frischer Thymian • 3 g Kreuzkümmelsamen • 300 g Glutenmehl (siehe Seite 12) • 15 g feines Meersalz • 15 g scharfes Pimentón de la Vera (siehe Seite 14) • 5 g mildes Pimentón de la Vera (siehe Seite 14)

Für die Wurstmasse zunächst die Paprikaschoten waschen, Strunk, Kerne und weiße Häutchen entfernen und in kleine Würfel schneiden. Die Knoblauchzehe schälen und durchpressen. Das Olivenöl in einem Topf erhitzen und darin die Paprikawürfel mit dem Knoblauch bei mittlerer Hitze zugedeckt etwa 20 Minuten garen. Anschließend mit dem kalten Wasser pürieren und zur Seite stellen.

Thymian und Kreuzkümmel im Mörser fein zerstoßen und in einer Schüssel mit Glutenmehl, Salz sowie scharfem und mildem Pimentón de la Vera vermischen.

Die pürierte Paprika zur Mehl-Gewürz-Mischung geben und das Ganze mit den Händen oder in der Küchenmaschine mit dem Knethaken zu einem festen, aber dennoch geschmeidigen Teig verarbeiten.

Aus dem Teig 2 etwa gleich große Würste formen und diese fest in Frischhaltefolie einwickeln. Die Folie an den Enden mit einem Faden zubinden und die Würste anschließend in U-Form biegen.

Die Chorizos 1 Stunde dampfgaren (siehe Seite 17). Danach die Frischhaltefolie umgehend entfernen, die Würste auf eine Platte legen und mehrere Stunden abkühlen lassen.

Tipp: Meine Chorizos sind recht scharf, da ich mehr scharfes als mildes Pimentón verwende. Wenn Sie es nicht so feurig mögen, können Sie einfach 15 Gramm mildes und 5 Gramm scharfes Pimentón nehmen.

Kochschinken

Zweifellos gehört der Schinken mit seinen vielen regionalen Sorten zu den beliebtesten Fleischwaren in Europa. Mein veganer Kochschinken schmeckt allerdings mindestens genauso gut! Er lässt sich zu Brot essen oder Sie verwenden ihn zum Verfeinern Ihrer Saucen und Gemüsegerichte.

Für 1 Schinken · Zubereitungszeit: 20 Minuten · Garzeit: 1 Stunde

250 ml Sojamilch • 3 g Pimentón de la Vera (siehe Seite 14) • 1 Würfel Gemüsebrühe • 10 g Würz-Hefeflocken (siehe Seite 15) • 5 g Johannisbrotkernmehl • 50 ml Rapsöl • 50 g helle Misopaste (siehe Seite 14) • 200 g Glutenmehl (siehe Seite 12)

Für die Grundmasse Sojamilch mit Pimentón de la Vera, Brühwürfel, Würz-Hefeflocken und Johannisbrotkernmehl in einem Topf aufkochen lassen und mit einem Schneebesen unter stetem Rühren so lange köcheln lassen, bis die Masse eindickt. Das Rapsöl und die Misopaste dazugeben und gut unterrühren. Den Topf vom Herd nehmen, das Ganze etwa 15 Minuten abkühlen lassen, dann das Glutenmehl hinzufügen und die Masse zu einem glatten und geschmeidigen Teig verkneten.

Den Teig in eine schinkenähnliche Form bringen, locker in Frischhaltefolie einwickeln und 1 Stunde dampfgaren (siehe Seite 17). Anschließend vollständig auskühlen lassen. Das Aufschneiden gelingt am besten mit einer guten Schneidemaschine. Sie können aber auch einen Gemüsehobel oder ein sehr scharfes Messer verwenden, wobei die Scheiben nicht dicker als 1 Millimeter sein sollten.

Hinweis: Johannisbrotkernmehl – nicht zu verwechseln mit dem Carobpulver, einem Kakaoersatz, der aus den Früchten des Johannisbrotbaums hergestellt wird – ist ein natürliches Verdickungsmittel, mit dem Sie Suppen und Saucen binden können.

Bratwürste

Diese Bratwürste haben ein wunderbar herzhaftes Aroma, das – wenn gewünscht – durch Räuchern noch verstärkt werden kann. Außerdem können Sie dieses Rezept nach Lust und Laune abwandeln, indem Sie verschiedene Gewürze oder Kräuter ausprobieren.

Für 6 Würste · Zubereitungszeit: 20 Minuten · Garzeit: 1 Stunde

1 Knoblauchzehe • 2 Schalotten • 500 ml Gemüsebrühe • 15 g frische glatte Petersilie • 150 ml trockener Weißwein • 50 g feine Sojaschnetzel (siehe „Soja-Fleischersatz", Seite 13) • 300 g Glutenmehl (siehe Seite 12) • 1 g frisch geriebene Muskatnuss • 2 g frisch gemahlener schwarzer Pfeffer • 10 g feines Meersalz • **Zum Anbraten:** 2–3 EL Olivenöl

Den Knoblauch und die Schalotten schälen, die Petersilie waschen, trocken schütteln und alles fein hacken.

Die Gemüsebrühe in einem Topf zum Kochen bringen, Knoblauch, Schalotten, Petersilie, Weißwein und Sojaschnetzel dazugeben und das Ganze bei mittlerer Hitze 10 Minuten köcheln lassen. Den Topf vom Herd nehmen und die Sojaschnetzel vollständig abkühlen lassen. Glutenmehl mit den Gewürzen und dem Salz mischen, die abgekühlte Gemüsebrühe mit den Sojaschnetzeln dazugeben und alles von Hand oder in der Küchenmaschine mit dem Knethaken zu einem glatten Teig verarbeiteten.

Den Teig in 6 gleich große Stücke aufteilen. Jedes Teigstück zu einer Wurst formen, diese fest in Frischhaltefolie einwickeln und an den Enden mit einem Bindfaden gut verschließen. Die Würste 1 Stunde dampfgaren (siehe Seite 17).

Danach die Frischhaltefolie umgehend entfernen und die Würste in einer Pfanne in heißem Olivenöl goldbraun anbraten.

Tipps: Im Sommer gibt es zum BBQ nicht Köstlicheres als diese schmackhaften Würstchen! Wollen Sie sie allerdings kalt zum Aperitif reichen, schneiden Sie die gedämpften Würste in feine Scheiben und geben etwas Meaux-Senf (siehe Seite 14) darauf.

Rillette

Ein deftiger Brotaufstrich

Bei diesem Rezept kam es mir darauf an, dem deftigen französischen Brotaufstrich aus Fleisch oder Fisch einen frischen Gemüsegeschmack entgegenzusetzen. In Textur und Aussehen kommt meine pflanzliche Version dem Original allerdings sehr nahe.

Für 2 kleine Glastöpfchen · Zubereitungszeit: 20 Minuten

250 g gekochte hellbraune Tellerlinsen • 200 g gekochte Artischockenherzen • 1 weiße Zwiebel • 1½ EL Pflanzenöl • 1 Zweiglein Thymian • 2 Lorbeerblätter • 1–2 Prisen feines Meersalz • etwas frisch gemahlener schwarzer Pfeffer • 80 g Kokosfett

Die gekochten Linsen und die Artischockenherzen mit einem Stößel oder einer Gabel zerdrücken. Die Artischocken dürfen keinesfalls durch ein Sieb passiert werden, da sonst die Pflanzenfasern im Sieb hängen bleiben, die für die charakteristische, faserige Textur meiner Rillette sorgen.

Die Zwiebel schälen und fein hacken. In einem Topf das Pflanzenöl erhitzen und darin die gehackte Zwiebel andünsten, das Thymianzweiglein, die Lorbeerblätter und das Meersalz dazugeben. Zwiebelstücke zugedeckt garen, bis sie ganz weich sind. Den Thymian und die Lorbeerblätter aus der Pfanne nehmen und die gehackte Zwiebel mit einem Teigschaber zerdrücken.

Die Linsen-Artischocken-Mischung mit dem Zwiebelmus vermengen, das Ganze mit schwarzem Pfeffer würzen und nach und nach 30 Gramm des Kokosfetts mit einer Gabel in die Masse einarbeiten.

Den Aufstrich auf 2 kleine Glastöpfchen verteilen, gut darin festdrücken und glatt streichen. Die restlichen 50 Gramm Kokosfett im Wasserbad schmelzen und zu gleichen Teilen über die Rillette in den Töpfchen gießen.

Die Rillette mindestens 2 Stunden im Kühlschrank ruhen und hart werden lassen.

Tipps: Servieren Sie diese vegane Spezialität wie ihre traditionelle Variante mit frischem Brot zum Aperitif.

Die Rillette ist im Kühlschrank mindestens 1 Woche haltbar.

Landjäger

Vor allem in Süddeutschland, in Österreich und in der Schweiz werden Landjäger als herzhafte Brotzeit geschätzt und dürfen in keinem Wanderrucksack fehlen. Doch auch im Elsass sind diese Räucherwürste sehr beliebt. Die Franzosen nennen sie allerdings „Gendarmes“. Für den nötigen Pfiff bei meiner veganen Wurstkreation sorgt eine raffinierte Gewürzmischung.

Für 6 Landjäger · Zubereitungszeit: 30 Minuten · Garzeit: 1 Stunde

2 Gewürznelken • 4 g Kreuzkümmelsamen • 4 g Fenchelsamen • 1 Zwiebel • 20 ml Rapsöl • 30 ml Tamari (siehe „Sojasauce“, Seite 15) • 1–2 Tropfen Liquid Smoke (siehe Seite 14) • 200 ml Wasser • 40 g feine Sojaschnetzel (siehe „Soja-Fleischersatz“, Seite 13) • 100 g Glutenmehl (siehe Seite 12)

Gewürznelken, Kreuzkümmel- und Fenchelsamen in einem Mörser zu einem feinen Pulver zerstoßen. Die Zwiebel schälen und in feine Würfel schneiden. Das Rapsöl in einem Topf erhitzen und die Zwiebelwürfel darin glasig andünsten, dann die zerstoßenen Gewürze dazugeben und alles gut verrühren. Das Ganze mit Tamari und Liquid Smoke ablöschen und bei mittlerer Hitze 2 Minuten einkochen. Jetzt das Wasser und die Sojaschnetzel dazugeben und 10 Minuten zugedeckt köcheln. Die gekochten Zutaten zu einer feinen Masse pürieren und diese vollständig abkühlen lassen. Anschließend das Glutenmehl hineinrieseln lassen und alles zu einem Teig verkneten.

Den Teig in 6 gleich große Stücke aufteilen, jedes davon zu einer Wurst formen und in Frischhaltefolie einwickeln, dabei die Kanten herausarbeiten.

Die Landjäger 1 Stunde dampfgaren (siehe Seite 17). Die fertigen Würste zwischen 2 Küchenbretter legen und das obere Brett beschweren, damit die Landjäger beim Abkühlen ihre Form behalten. Die abgekühlten Würste vorsichtig aus der Frischhaltefolie nehmen und die Kanten noch einmal mit einem Messer nacharbeiten. Überschüssiges Fett mit Küchenpapier abtupfen.

Tipp: Eine wahre Köstlichkeit sind die Landjäger in einer herzhaften Nudelsauce. Schneiden Sie hierfür die Würste in kleine Stücke und machen Sie sie in Sojacreme (siehe Seite 12) mit einem Klecks Senf heiß.

Die Klassiker

Pfeffersteak

Es ist wirklich ein Kunststück, aus pflanzlichen Zutaten ein Gericht zuzubereiten, das schmeckt und aussieht wie ein rosa gebratenes Rindersteak. Mein veganes Steak ist wunderbar saftig und mit einer pikanten Pfeffersauce schmeckt es gleich doppelt so gut.

Für 4 Personen · Zubereitungszeit: 25 Minuten · Garzeit: 1 Stunde

Steaks: 500 g Champignons • 1 Knoblauchzehe • 100 ml Rotwein • 50 ml Tamari (siehe „Sojasauce", Seite 15) • 30 g helle Misopaste (siehe Seite 14) • 200 g Glutenmehl (siehe Seite 12) • 50 g gemahlene Mandeln • **Zum Anbraten:** 4½ EL Pflanzenöl • **Pfeffersauce:** ½ Zwiebel • 3 EL Pflanzenöl • 2 g Knoblauchpulver • 2 g getrockneter Thymian • etwas frisch gemahlener schwarzer Pfeffer • 30 ml Cognac • 30 g braune Misopaste (siehe Seite 14) • 15 ml Wasser • 100 g Sojacreme (siehe Seite 12) • etwas Meersalz • 3 g grüne Pfefferkörner

Für die Steaks die Champignons putzen und vierteln, die Knoblauchzehe schälen und durchpressen. Beides in einer Pfanne bei geringer Hitze zugedeckt andünsten, bis die Champignons noch die Hälfte ihres Volumens haben. Unterdessen Rotwein und Tamari mit der hellen Misopaste verrühren, zu den Champignons gießen und die Flüssigkeit bei geringer Hitze auf die Hälfte einkochen. Das Ganze mit dem Pürierstab zu einer nahezu homogenen Masse verarbeiten und abkühlen lassen.

Das Glutenmehl, die gemahlenen Mandeln sowie die Champignonmasse in einer Schüssel vermengen und gut durchkneten. Dabei den Teig immer wieder mit dem Handballen von außen nach innen einschlagen und zusammendrücken, bis der Teig glatt ist. Einen länglichen Laib daraus formen, fest in Frischhaltefolie einwickeln und 1 Stunde dampfgaren (siehe Seite 17). Die Folie entfernen und den Laib abkühlen lassen, anschließend der Länge nach 3-mal in 4 längliche, etwa 2 Zentimeter dicke Steaks schneiden.

Das Pflanzenöl in einer Pfanne erhitzen und die Steaks darin auf jeder Seite 3 Minuten anbraten.

Für die Pfeffersauce die halbe Zwiebel sehr fein hacken, das Pflanzenöl in einer Pfanne erhitzen und die Zwiebelstücke darin glasig andünsten. Knoblauchpulver, Thymian und schwarzen Pfeffer dazugeben und 3 Minuten bei geringer Hitze mitdünsten. Anschließend mit dem Cognac ablöschen. Die Misopaste mit dem Wasser verrühren und mit der Sojacreme ebenfalls dazugeben. Gut verrühren, einmal aufkochen lassen und mit Salz abschmecken. Nun die Pfeffersauce durch ein Sieb passieren und anschließend die grünen Pfefferkörner hineingeben.

Die heiße Pfeffersauce über die gebratenen Steaks geben und servieren.

Tipp: Bei diesem Rezept habe ich mich bewusst für eine lockere, mürbe Textur entschieden. Verwenden Sie deshalb zum Durchschneiden des Laibs ein sehr scharfes Messer und geben Sie gut acht, dass Ihre Steaks beim Schneiden und Braten nicht auseinanderbrechen

Rouladen

An Rouladen kommt man einfach nicht vorbei. Mein veganes Rezept ist zwar etwas aufwendig, lohnt aber auf jeden Fall die Mühe: Die Füllung gleicht einem bunten Strauß an Aromen, und die Hülle bietet dazu einen überraschenden Kontrast. Lassen Sie sich überraschen!

Für 4 Rouladen · Zubereitungszeit: 30 Minuten · Garzeit: 1 Stunde

Füllung: 1 Zwiebel • 1 Karotte • 1–2 EL Pflanzenöl • 100 g entkernte Pflaumen • 200 g geräucherter Tofu • 1 TL Pimentón d'Espelette (siehe Seite 14) • 50 ml Armagnac • 5 g feines Meersalz • **Hülle:** 250 g gekochte weiße Bohnen • 80 ml Sojamilch • 130 g Glutenmehl (siehe Seite 12) • 10 g Tapioka (siehe Seite 13) • 1 g frisch geriebene Muskatnuss • etwas frisch gemahlener schwarzer Pfeffer • 5 g feines Meersalz • **Marinade:** 30 ml Armagnac • 15 ml Tamari (siehe „Sojasauce", Seite 15) • 15 ml Agavendicksaft • 15 ml Olivenöl • **Zum Anbraten:** 2–3 EL Olivenöl

Für die Füllung die Zwiebel und die Karotte schälen und sehr fein würfeln. In einer Pfanne das Pflanzenöl erhitzen und die Gemüsewürfel 10 Minuten bei geringer Hitze andünsten. Die Pflaumen klein schneiden und in einer Schüssel mit geräuchertem Tofu, Pimentón d'Espelette, Armagnac, dem gedünsteten Gemüse und Salz vermengen. Die Füllung anschließend durch einen Fleischwolf drehen oder in einer Küchenmaschine zu einer glatten Masse verarbeiten.

Für die Hülle die gekochten weißen Bohnen mit der Sojamilch pürieren und zur Seite stellen.

Die trockenen Zutaten in einer Schüssel mit den Gewürzen vermengen. Diese Mischung mit dem Bohnenpüree zu einem geschmeidigen Teig verkneten und in 4 gleich große Portionen aufteilen. Jede Portion zwischen 2 Blättern Backpapier mit dem Nudelholz kreisrund und etwa 5 Millimeter dick ausrollen.

Zum Fertigstellen der Rouladen auf jedes Teigrondell etwa 1½ Esslöffel der Füllung geben, die Teigränder darüber schlagen und andrücken, sodass ein rundes, geschlossenes Päckchen entsteht. Die 4 Rouladen fest in Frischhaltefolie einwickeln und 1 Stunde dampfgaren (siehe Seite 17). Danach die Folie umgehend entfernen und die Rouladenpäckchen vorsichtig mit Küchengarn über Kreuz zusammenbinden.

Für die Marinade Armagnac, Tamari, Agavendicksaft und Olivenöl in einer kleinen Schale verrühren.

Die Rouladenpäckchen in einer Pfanne bei mittlerer Hitze in Olivenöl anbraten, 1 Esslöffel der Marinade über jedes Päckchen träufeln und etwas einköcheln lassen, dann wenden. Diesen Vorgang wiederholen. Die Päckchen sollten auf beiden Seiten schön goldbraun gebraten sein.

Tipp: Dieses Rezept lässt sich in unterschiedlichsten Varianten zubereiten, denn bei der Füllung können Sie Ihrer Kreativität freien Lauf lassen. Sie müssen nur auf die richtige Konsistenz achten: Sie darf nicht zu trocken, aber auch nicht zu klebrig sein.

Schnitzel
in Senfsauce

Dass man aus weißen Bohnen Schnitzel zubereiten kann, mögen Sie kaum glauben. Aber noch erstaunlicher ist: Dieses Rezept kommt in Geschmack und Textur Putenschnitzeln so nahe, dass Sie damit auch Skeptiker überzeugen werden. Und das i-Tüpfelchen hier ist die würzige Senfsauce!

Für 4 Schnitzel · Zubereitungszeit: 25 Minuten · Garzeit: 1 Stunde

Schnitzel: 240 g weiße gekochte Bohnen • 10 g feines Salz • 10 g Tapioka (siehe Seite 13) • 15 ml Olivenöl • 80 ml Sojamilch • 2 Gewürznelken • 100 g Glutenmehl (siehe Seite 12) • **Zum Anbraten:** 1–2 EL Pflanzenöl • **Senfsauce:** 3 Stängel glatte Petersilie • 1 Schalotte • 2 EL Pflanzenöl • 60 ml Weißwein • 80 ml Sojacreme (siehe Seite 12) • 30 g Dijon-Senf (siehe Seite 14) • 20 g Meaux-Senf (siehe Seite 14)

Für die Schnitzel die gekochten weißen Bohnen pürieren, Salz, Tapioka, Olivenöl, Sojamilch und die fein zerstoßenen Gewürznelken dazugeben und mit einem Pürierstab oder im Mixer zu einer homogenen Masse verarbeiten. Anschließend das Glutenmehl einarbeiten und die Masse zu einem geschmeidigen Teig verkneten.

Den Teig zu einem länglichen Laib formen, in Frischhaltefolie einwickeln und 1 Stunde dampfgaren (siehe Seite 17). Die Folie umgehend entfernen, den Laib vollständig abkühlen lassen und dann der Länge nach 3-mal durchschneiden, sodass 4 Schnitzel gleicher Dicke entstehen. Diese in einer Pfanne mit etwas Pflanzenöl auf jeder Seite einige Minuten goldbraun anbraten.

Für die Senfsauce die Petersilienblätter von den Stängeln zupfen, fein hacken und beiseitestellen. Die Schalotte fein würfeln und in einem Topf bei mittlerer Hitze in Pflanzenöl andünsten, mit der Hälfte des Weißweins ablöschen und einkochen. Den Topf vom Herd nehmen, Sojacreme, Dijon- und Meaux-Senf dazugeben und gut verrühren. Den restlichen Weißwein und die gehackte Petersilie unterrühren. Den Topf wieder auf den Herd stellen und die Sauce noch einmal 2 Minuten köcheln lassen.

Die heißen Schnitzel mit der Senfsauce übergießen und servieren.

Tipp: Sie können den Geschmack der Sauce variieren, indem Sie unterschiedliche Senfsorten verwenden. Wenn Sie es nicht so scharf mögen, sollten sie eine mildere Sorte verwenden. Mit einem extrascharfen Senf wird Ihre Sauce entsprechend pikant.

Knoblauchbraten

Kälbchen auf der Wiese zu beobachten, das liebe ich – auf meinem Teller will ich sie allerdings nicht sehen! Da opfere ich lieber ein paar Knollen Topinambur, aus denen ich einen Braten zaubere, der an Schmackhaftigkeit seinesgleichen sucht ...

Für 6 Personen · Zubereitungszeit: 30 Minuten · Garzeit: 2 Stunden

Bratenstück: 500 g Topinamburknollen • 7 Knoblauchzehen • 1 EL grobes Salz • 300 g Glutenmehl (siehe Seite 12) • 3 g frisch gemahlener schwarzer Pfeffer • 10 feines Meersalz • **Zum Zubereiten des Bratens:** 2 Karotten • 1 Zwiebel • 4 Champignons • etwas Olivenöl • 2 Zweiglein Rosmarin • **Marinade:** 20 ml Tamari (siehe „Sojasauce", Seite 15) • 50 ml Ahornsirup

Für das Bratenstück die Topinamburknollen und 4 Knoblauchzehen schälen und vierteln. In einen Topf geben und mit Wasser aufgießen, sodass die geviertelten Knollen knapp bedeckt sind. Das grobe Salz dazugeben und das Ganze etwa 25 Minuten zugedeckt kochen, bis die Knollen weich sind. Topinambur und Knoblauch mit dem Kochwasser zu einem glatten Mus pürieren und abkühlen lassen.

Das Glutenmehl mit Pfeffer und Salz in einer Schüssel vermischen. Die abgekühlte Topinamburmasse dazugeben und das Ganze zu einem geschmeidigen Teig verkneten.

Den Teig zu einem länglichen Laib formen, in ein dünnes Baumwolltuch einschlagen, mit Küchengarn fest umwickeln und 1 Stunde dampfgaren (siehe Seite 17). Tuch und Faden anschließend entfernen.

In der Zwischenzeit die Karotten und die Zwiebel schälen und der Länge nach vierteln, die Champignons putzen und ebenfalls vierteln. Die übrigen 3 Knoblauchzehen schälen (ganz lassen).

Für die Marinade Tamari mit Ahornsirup verrühren.

Zum Zubereiten des Bratens den Backofen auf 180 °C vorheizen. Einen Bräter mit Öl auspinseln und die Gemüse- und Pilzstücke sowie die Knoblauchzehen darin verteilen.

Den gedämpften Braten auf das Gemüse im Bräter legen und mit der Marinade bestreichen. Den Rosmarin zum Braten legen und alles im vorgeheizten Ofen 1 Stunde lang garen.

Tipp: Am besten passen zu meinem Knoblauchbraten je nach Saison neue Kartoffeln, Flageolet-Bohnen oder frische grüne Bohnen.

Grill-Spießchen

Bei einem sommerlichen Barbecue mit Freunden dürfen gebratene Spießchen auf keinen Fall fehlen. Meine Variante mit Grillgemüse und Sojamedaillons schmeckt einfach himmlisch – und Federvieh und Lämmchen werden es Ihnen danken.

Für 6 Spießchen · Zubereitungszeit: 20 Minuten · Garzeit: 20 Minuten

Medaillons: 2 TL getrockneter Thymian • 1½ l Wasser • 1 Gemüsebrühwürfel • 2 Knoblauchzehen • 200 g Sojamedaillons (siehe „Soja-Fleischersatz", Seite 13) • **Grillgemüse:** 2 gelbe Zwiebeln • 3 Tomaten • 2 grüne Paprikaschoten • einige Zweiglein Thymian • **Marinade:** 2 TL Rapsöl • etwas frisch gemahlener schwarzer Pfeffer • 1 Prise feines Meersalz

Für die Medaillons den Thymian 10 Minuten lang in 1½ Liter kochend heißem Wasser ziehen lassen, dann abseihen, das aromatisierte Wasser erneut zum Kochen bringen und den Brühwürfel dazugeben. Den Knoblauch schälen, in die Brühe hineinpressen, umrühren und das Ganze 2 Minuten kochen lassen. Die trockenen Sojamedaillons in die Brühe legen und bei mittlerer Hitze zugedeckt 10 Minuten köcheln lassen.

Für das Grillgemüse unterdessen die Zwiebeln schälen und vierteln, die Tomaten waschen, den Stielansatz entfernen und ebenfalls vierteln. Die Paprikaschoten waschen und halbieren, Strunk, Kerne und weiße Häutchen entfernen und in etwa 12 gleich große Stücke schneiden.

Für die Marinade in einer kleinen Schüssel das Rapsöl mit Pfeffer und Salz verrühren und zur Seite stellen.

Zum Fertigstellen der Spießchen die Sojamedaillons abgießen und gut ausdrücken, bis sie kaum mehr Flüssigkeit enthalten. Auf 6 Spießchen abwechselnd Medaillons und jeweils ein Stück Zwiebel, Tomate oder Paprika schieben und alle Zutaten rundum mit der Marinade einpinseln. Die Blättchen von den Thymianzweiglein abzupfen und über die Spießchen streuen.

Die Spieße auf jeder Seite etwa 10 Minuten grillen. Die Glut sollte nicht mehr allzu heiß sein, damit das Grillgut nicht anbrennt.

Tipp: Sie können die Spießchen schon am Vortag vorbereiten und in Frischhaltefolie eingewickelt im Kühlschrank aufbewahren. So kann der Thymian sein Aroma besser entfalten. Und dann brauchen Sie die Spießchen nur noch aus dem Kühlschrank zu nehmen und auf den Grill legen ... so haben Sie mehr Zeit für Ihre Gäste!

Morchel-Ballotines

Ballotines sind Klassiker der französischen Hausmannskost: eine Art gerollte Pastete, die, in dicke Scheiben geschnitten, serviert wird. Das Gericht sieht raffiniert aus und ist dennoch – auch als vegane Variante – leicht zuzubereiten.

Für 6 Ballottines · Zubereitungszeit: 30 Minuten · Garzeit: 1 Stunde

Morchelfüllung: 100 ml Sojamilch natur • 1 Würfel Gemüsebrühe • 100 g Glutenmehl (siehe Seite 12) • 50 g gemahlene Haselnüsse • 4 g feines Meersalz • etwas frisch gemahlener schwarzer Pfeffer • **Seitanteig:** 1 Gewürznelke • 100 g Morcheln • 2 Schalotten • 1 Knoblauchzehe • 2 EL Olivenöl • 1 Prise Salz • 20 ml Cognac • 2 Stängel glatte Petersilie • etwas frisch gemahlener schwarzer Pfeffer • 10 frische Spinatblätter • 1½ l Salzwasser

Zunächst die Sojamilch aufkochen, den Brühwürfel darin auflösen und die Flüssigkeit abkühlen lassen.

Für die Morchelfüllung die Gewürznelke im Mörser fein zerstoßen, die Morcheln gründlich putzen, die Schalotten und die Knoblauchzehe schälen und sehr fein hacken. Das Olivenöl in einer Pfanne erhitzen und die Morcheln und den Knoblauch darin 2 Minuten andünsten, in ein Schälchen geben und zur Seite stellen. In derselben Pfanne jetzt die Schalotten mit der zerstoßenen Gewürznelke und 1 Prise Salz andünsten, mit dem Cognac aufgießen und die Sauce sanft köchelnd einkochen. Die Pfanne vom Herd nehmen und die Morcheln sowie die gewaschene, fein gehackte Petersilie dazugeben. Alles gut vermengen, mit Pfeffer würzen und zur Seite stellen.

Die Spinatblätter im kochenden Salzwasser 10 Sekunden blanchieren, abgießen und abtropfen lassen.

Für den Seitanteig das Glutenmehl, die gemahlenen Haselnüsse, das Meersalz und etwas Pfeffer in einer Schüssel vermengen. Die abgekühlte Sojamilch dazugeben und alles gut verkneten.

Zum Fertigstellen der Ballotines den Seitanteig zwischen 2 Blatt Backpapier mit dem Nudelholz zu einem maximal 1 Zentimeter dicken Rechteck ausrollen. Auf dem Teig zuerst die Spinatblätter und dann die Morchelfüllung gleichmäßig verteilen. Anschließend von der Längsseite her fest einrollen. Die Rolle in eine Frischhaltefolie einwickeln und an den Enden mit einem Faden verschließen.

Die Pastete 1 Stunde dampfgaren (siehe Seite 17), anschließend die Folie umgehend entfernen und das Ganze 5 Minuten abkühlen lassen. Dann die Enden gerade abschneiden, die Rolle in 6 gleich große Ballotines aufschneiden und die kleinen Leckerbissen sofort servieren.

Tipp: Am besten reichen Sie dazu ein grünes Saisongemüse, z. B. frischen Spinat.

Tatar

Für mein veganes Tatar wird ungekochtes Tempeh verarbeitet und mit Rote-Beete-Saft eingefärbt. Verblüffend, wie echt die vegane Variante aussieht ... und schmeckt!

Für 4 Personen · Zubereitungszeit: 20 Minuten · Ruhezeit: 1 Stunde

Tatar: 450 g Tempeh natur (siehe Seite 13) • 60 ml Rote-Bete-Saft • 30 g Ketchup • 20 ml Olivenöl • **Zum Anmachen:** 1 Schalotte • 4 große Essiggurken • 4 EL Kapern• 4 Stängel frischer Koriander • 4 Stängel frische glatte Petersilie • etwas Ketchup (wenn gewünscht) • einige Spritzer vegane Worcestersauce (wenn gewünscht; Bezugsquelle siehe Seite 76) • 1 Spritzer Chili-Sauce (wenn gewünscht) • **Senf-Mayonnaise:** 30 ml Olivenöl • 3 EL sehr kalter Dijon-Senf (siehe Seite 14)

Für das Tatar in einer Schüssel das Tempeh mit den Händen zerkrümeln oder grob schneiden und anschließend mit einer Gabel zerdrücken, gut mit Rote-Bete-Saft und Ketchup vermischen und das Ganze 1 Stunde ruhen lassen. Danach Olivenöl untermengen und das Tatar durch den Fleischwolf drehen.

Zum Anmachen die geschälte Schalotte und die Essiggurken fein würfeln. Die Kapern klein schneiden. Die Koriander- und Petersilienstängel waschen, trocken schütteln und die Blättchen abzupfen.

Für die Senf-Mayonnaise in einer kleinen Schüssel das Olivenöl unter stetem Rühren langsam zum Senf gießen. Beim Aufschlagen darauf achten, dass die Mayonnaise nicht gerinnt. Zur Seite stellen.

Das Tatar mit den klein geschnittenen Schalotten, Essiggurken und Kapern sowie Koriander und Petersilie vermengen und zu 4 gleich großen Bällchen formen. Nach Wunsch mit etwas Ketchup, Worcester- und Chili-Sauce würzen. In die Mitte jedes Tatarbällchens eine kleine Mulde drücken und 1 großzügigen Teelöffel der Senf-Mayonnaise hineinsetzen. Mit einigen Scheiben Toastbrot servieren und genießen!

Tipp: Sie können das Tatar und die Zutaten zum Anmachen auch in Schälchen füllen und auf den Tisch stellen. Dann kann sich jeder sein Tatar nach eigenem Geschmack zusammenstellen.

biona
WORCESTER
SAUCE

Hackbällchen

Früher waren Hackbällchen ein typisches Resteessen. Alle Fleischreste wurden durch den Fleischwolf gedreht, gut vermengt und mit den Händen zu kleinen Kugeln geformt. Meinen veganen Hackbällchen verleihe ich mit Basilikum und getrockneten Tomaten einen mediterranen Touch.

Für 18 Hackbällchen · Zubereitungszeit: 25 Minuten · Garzeit: 10 Minuten

Grundmasse: 100 g feine Haferflocken • 10 g Tapioka (siehe Seite 13) • 5 g Pimentón de la Vera (siehe Seite 14) • 5 g feines Meersalz • etwas frisch gemahlener schwarzer Pfeffer • 100 g passierte Tomaten • 200 g geräucherter Tofu • 1 Zwiebel • 1 Knoblauchzehe • 50 g getrocknete Tomaten • 15 g frischer Basilikum • **Zum Wenden und Braten:** 40 g Weizenmehl • 5–6 EL Olivenöl

Für die Grundmasse in einer Schüssel Haferflocken, Tapioka, Pimentón, Salz und Pfeffer vermischen, die passierten Tomaten unterrühren und das Ganze eine Zeit lang quellen lassen.

Den Tofu mit dem Pürierstab zerkleinern. Die Zwiebel schälen und fein würfeln, die Knoblauchzehe schälen und durchpressen.

Den Tofu mit Zwiebelwürfeln und Knoblauch in die Haferflockenmasse einarbeiten und zu einem kompakten Teig verkneten.

Anschließend die getrockneten Tomaten in sehr kleine Stücke schneiden, die Basilikumblätter waschen und klein zupfen. Beides ebenfalls sorgfältig in den Teig hineinkneten.

Aus jeweils etwa 30 Gramm des Teigs eine kleine Kugel formen und diese in Mehl wälzen. Die Bällchen im Olivenöl in einer großen Pfanne 10 Minuten rundum kräftig anbraten.

Tipps: Reichen Sie zu den Bällchen auf jeden Fall eine Tomatensauce und je nach Geschmack Nudeln oder Kartoffeln.

Die veganen Hackbällchen halten sich 2 Tage in einem abgedeckten Gefäß im Kühlschrank. Vor dem Servieren müssen sie dann nur noch kurz in Mehl gewälzt und angebraten werden. Fertig gebratene Bällchen können Sie im vorgeheizten Backofen (15 Minuten bei 180 °C) aufwärmen.

Internationale Spezialitäten

Zwiebel-Ragout

Ein wirklich köstliches, von der chinesischen Küche inspiriertes Gericht: Immer wenn ich im Bioladen dunkle Sojamedaillons sehe, bekomme ich Lust auf mein veganes Zwiebel-Ragout, das so einfach zuzubereiten ist und dabei raffiniert schmeckt.

Für 4 Personen · Zubereitungszeit: 35 Minuten

Ragout: 1 l Gemüsebrühe • 5 g getrocknete Pilze, gemahlen • 70 g dunkle Sojamedaillons (siehe „Soja-Fleischersatz", Seite 13) • Saft von 1 Limette • 10 g Rohrzucker • 1 Spritzer Tamari (siehe „Sojasauce", Seite 15) • 2 Zwiebeln • 100 ml Wasser • **Marinade:** 1 Knoblauchzehe • 15 g frischer Ingwer • 10 g Maisstärke • 50 ml Tamari (siehe „Sojasauce", Seite 15) • **Zum Anbraten:** 3–4 EL Erdnussöl • **Zum Garnieren:** etwas frischer Koriander

Die Gemüsebrühe mit den (z. B. in einem Mixer) gemahlenen Pilzen aufkochen lassen, die Sojamedaillons dazugeben und bei mittlerer Hitze zugedeckt 15 Minuten köcheln lassen.

Für die Marinade den Knoblauch schälen und durchpressen, den Ingwer schälen und fein reiben. In einer größeren Schüssel die Maisstärke mit Tamari, Knoblauch und Ingwer verrühren und zur Seite stellen.

Zum Fertigstellen des Ragouts die gekochten Sojamedaillons abseihen und gut ausdrücken, anschließend in die vorbereitete Marinade legen, mehrmals wenden und 15 Minuten ziehen lassen.

Währenddessen den Limettensaft in einer kleinen Schüssel mit Zucker und 1 Spritzer Tamari verrühren, zur Seite stellen.

Die Zwiebeln schälen und in Ringe schneiden.

In einem Wok das Erdnussöl erhitzen und darin die Zwiebelringe glasig andünsten. Das Wasser dazugießen und den Zwiebelsud einköcheln lassen, in ein Schälchen umfüllen und zur Seite stellen.

Erneut etwas Erdnussöl im Wok erhitzen und darin die Sojamedaillons mit der Marinade unter stetem Rühren scharf anbraten. Wenn sie goldbraun sind, den Limettensaft und die Zwiebelreduktion dazugeben.

Das Ragout weitere 3 Minuten unter ständigem Rühren köcheln lassen.

Zum Garnieren einige Korianderblätter klein zupfen und über das Zwiebel-Ragout streuen.

Tipps: Das Zwiebel-Ragout kann gut im Voraus zubereitet und später aufgewärmt werden. Als Beilage bietet sich weißer Reis oder frisches, in Sesamöl gebratenes Gemüse der Saison an.

Japanische Yakitori-Spießchen

Pikant gewürzt und mariniert ist Tofu eine wahre Delikatesse. Leider verstehen es die wenigsten Köche, ihn richtig zuzubereiten. Diese von der japanischen Küche inspirierten Tofu-Spießchen sind ein echter Genuss!

Für 6 Spießchen · Zubereitungszeit: 15 Minuten · Garzeit: 5 Minuten

400 g geräucherter Tofu • **Marinade:** 10 g Rohrzucker • 20 ml Tamari (siehe „Sojasauce", Seite 15) • 20 ml Sake (siehe Seite 15) • 20 ml Mirin (siehe Seite 14) • 2 TL Rapsöl • 1 Prise Salz • **Zum Anbraten:** 3 EL Pflanzenöl

Den geräucherten Tofu in 24 gleich große Würfel schneiden.

Für die Marinade alle Zutaten bis auf das Rapsöl in einem Topf verrühren, aufkochen und 5 Minuten einkochen. Den Topf vom Herd nehmen, das Rapsöl unterrühren und die Marinade einige Minuten abkühlen lassen.

Anschließend die Tofuwürfel mehrfach in der Marinade wenden und 15 Minuten darin ruhen lassen.

Zum Fertigstellen der Yakitori 6 etwa 20 Zentimeter lange Bambusspießchen bereitlegen. Die Tofuwürfel aus der Marinade nehmen, abtropfen lassen und je 4 Würfel auf einen Spieß stecken.

Das Öl in einer Pfanne erhitzen und die Spießchen darin auf jeder Seite 1 Minute anbraten, mit der restlichen Marinade ablöschen und darin noch einmal auf jeder Seite 1 Minute garen. Achten Sie darauf, dass die Yakitori nicht zu dunkel werden.

Tipps: Am besten passen zu den Yakitori-Spießchen ein Karotten-Kraut-Salat und eine Schale Langkornreis.

Das Yakitori-Rezept ist beliebig wandelbar. Den geräucherten Tofu können Sie durch andere feste Tofusorten ersetzen. Anstelle des Sake passt auch Cognac oder Calvados gut.

生

Hamburger

Einen richtig guten amerikanischen Hamburger zuzubereiten ist gar nicht so einfach. Rote Kidneybohnen und Sojaschnetzel geben meinen veganen Hamburgern die richtige Textur. Und für einen Hauch Exotik sorgt der geräucherte Lapsang-Souchong-Tee, in dem ich die Sojaschnetzel einweiche.

Für 6 Hamburger · Zubereitungszeit: 20 Minuten
Garzeit: 20 Minuten plus 4 Minuten

300 ml Lapsang-Souchong-Tee • 30 ml Tamari (siehe „Sojasauce", Seite 15) • 100 g feine Sojaschnetzel (siehe „Soja-Fleischersatz", Seite 13) • 5 g Garam-Masala-Gewürzmischung (siehe Seite 14) • 5 g Zwiebelpulver • 1 Rote Bete • 1 rote Zwiebel • 250 g gekochte Kidneybohnen • 1 Prise Salz • 5 g Pimentón de la Vera (siehe Seite 14) • 50 g Glutenmehl (siehe Seite 12) • **Zum Anbraten:** etwas Olivenöl

Zunächst 15 Gramm Lapsang-Souchong-Tee mit 1 Liter sehr heißem (nicht mehr kochendem) Wasser aufgießen, 5 Minuten ziehen lassen und dann abseihen bzw. das Teesieb herausnehmen. In 300 Milliliter des Tees anschließend Tamari einrühren.

Die Sojaschnetzel, die Garam-Masala-Gewürzmischung und das Zwiebelpulver in einer Schüssel vermischen, die noch heiße Flüssigkeit darübergießen und gut unterrühren. Die Sojaschnetzel ruhen lassen.

Währenddessen die Rote Bete und die Zwiebel schälen und fein raspeln bzw. würfeln und zur Seite stellen.

Die Kidneybohnen abgießen, unter fließendem Wasser gründlich spülen, pürieren und mit Salz und Paprikapulver würzen.

Bohnenpüree, Rote Beete und Zwiebel zu den Sojaschnetzeln geben und das Ganze vermengen. Zuletzt mit dem Glutenmehl zu einem kompakten Teig verkneten und ruhen lassen.

In der Zwischenzeit den Backofen auf 180 °C vorheizen.

Aus dem Teig dann 6 gleich große Kugeln formen und diese flach drücken. Die Hamburger auf ein mit Backpapier ausgelegtes Backblech legen und im vorgeheizten Ofen 20 Minuten backen, nach 10 Minuten einmal wenden.

Die Hamburger vollständig abkühlen lassen und erst kurz vor dem Servieren in einer Pfanne in Olivenöl auf jeder Seite 2 Minuten goldbraun anbraten.

Tipp: Am besten bereiten Sie die Hamburger am Vortag zu, dann werden sie perfekt bissfest und die Gewürze können ihre Aromen gut entfalten.

Bolognese-Sauce

Eine richtige Bolognese-Sauce wird in Italien mit viel Hingabe zubereitet. Das Original hat nur wenig gemein mit den lieblos zusammengekochten Hackfleischsaucen, die man bei uns oft vorgesetzt bekommt. Meine vegane Variante dieses italienischen Klassikers ist schnell zubereitet und geschmacklich ein echter Hit. *Buon appetito!*

Für 4 Personen · Zubereitungszeit: 20 Minuten · Garzeit: 30 Minuten

1 Zwiebel • 2 Karotten • 1 Stängel Staudensellerie • 2–3 EL Olivenöl • 200 g geräucherter Tempeh (siehe Seite 13) • 30 g feine Sojaschnetzel (siehe „Soja-Fleischersatz", Seite 13) • 150 ml Rotwein • 40 g Tomatenmark • 300 ml Gemüsebrühe • 1 Prise Salz • etwas frisch gemahlener schwarzer Pfeffer • 100 g passierte Tomaten • 1 EL Olivenöl • **Zum Garnieren:** 16 Blätter frischer Basilikum

Die Zwiebel und die Karotten schälen, vom Sellerie die Blätter entfernen und alles sehr fein würfeln.

In einem Topf das klein geschnittene Gemüse in heißem Olivenöl 5 Minuten kräftig anbraten. Unterdessen das Tempeh zerkleinern und in einer Schüssel mit den trockenen Sojaschnetzeln vermischen. Die Tempeh-Sojaschnetzel-Mischung zum Gemüse geben, das Ganze umrühren und mit Rotwein aufgießen. Die Sauce einige Minuten köcheln lassen, bis die Flüssigkeit verdunstet ist.

In einer kleinen Schüssel das Tomatenmark mit der Gemüsebrühe verrühren und in den Topf gießen, mit Salz und Pfeffer abschmecken und das Ganze bei geringer Hitze zugedeckt 30 Minuten köcheln lassen.

Nach der Hälfte der Kochzeit die passierten Tomaten sowie 1 Esslöffel Olivenöl dazugeben, alles noch einmal kräftig verrühren und eventuell nachwürzen.

In der Zwischenzeit je nach Hunger 600 bis 800 Gramm Spaghetti oder Tagliatelle nach Packungsanleitung kochen.

Die fertige Sauce über die Nudeln geben, mit den Basilikumblättern garnieren und dampfend heiß auf den Tisch bringen.

Tipps: Die Bolognese-Sauce hält sich im Kühlschrank in einem luftdicht verschließbaren Gefäß etwa 5 Tage.

Sie können diese Sauce also gut auf Vorrat kochen und portionsweise einfrieren. Auf diese Weise haben Sie im Handumdrehen ein leckeres Gericht gezaubert, wenn unverhofft Gäste vor der Tür stehen.

Wiener Schnitzel

Als ich vor einiger Zeit in Wien war, wollte ich unbedingt die berühmten Schnitzel probieren – aber zu meiner großen Enttäuschung waren in keinem Restaurant der Stadt vegane Schnitzel zu bekommen. Also begann ich selbst herumzuexperimentieren, denn diese Spezialität wollte ich unbedingt als pflanzliche Variante kreieren! Dabei war die Panade das größte Problem. Aber eines Tages hatte ich die zündende Idee: Mit japanischem Panko-Mehl gelingt sie perfekt!

Für 4 Schnitzel · Zubereitungszeit: 25 Minuten · Garzeit: 1 Stunde

Schnitzel: 100 g fester weißer Tofu • 1 g frisch geriebene Muskatnuss • 4 g Knoblauchpulver • 10 g feines Meersalz • etwas frisch gemahlener schwarzer Pfeffer • 150 ml Weißwein • 150 g Glutenmehl (siehe Seite 12) • 5 g Würz-Hefeflocken (siehe Seite 15) • **Panade:** 50 g Weizenmehl • 1 Prise Salz • 60 ml lauwarmes Wasser • 40 g Panko-Mehl (siehe Seite 12) • **Zum Anbraten:** 3–4 EL Rapsöl • **Zum Garnieren:** 4 Zitronenschnitze

Für die Schnitzel den Tofu mit den Händen zerkrümeln oder grob schneiden und anschließend mit einer Gabel zerdrücken, in eine Schüssel geben und mit Muskat, Knoblauchpulver, Salz und Pfeffer kräftig würzen. Den Weißwein dazugießen, das Ganze gut verrühren und 10 Minuten ruhen lassen. Anschließend das Glutenmehl und die Würz-Hefeflocken untermengen und alles zu einem festen Teig verkneten. Dabei verbindet sich der Tofu mit den anderen Zutaten nicht vollständig und der Teig ist mit kleinen Tofustücken durchsetzt.

Den Teig zu einem länglichen Laib formen, fest in Frischhaltefolie einwickeln und 1 Stunde dampfgaren (siehe Seite 17). Nach der Kochzeit die Folie umgehend entfernen, den Laib abkühlen lassen und der Länge nach in 4 etwa gleich dicke Schnitzel schneiden.

Für die Panade Weizenmehl, Salz und lauwarmes Wasser mit dem Schneebesen klümpchenfrei verquirlen und in einen Suppenteller gießen.

In einen zweiten Teller das Panko-Mehl geben.

Zum Panieren jedes Schnitzel zuerst von beiden Seiten in Mehlwasser und dann in Panko-Mehl wenden.

Die Schnitzel in einer Pfanne in reichlich heißem Rapsöl auf beiden Seiten anbraten, bis die Panade goldbraun und knusprig ist.

Tipp: Servieren Sie die veganen Wiener Schnitzel mit einem Zitronenschnitz und Ihrer Lieblingsbeilage.

BBQ-Spareribs

Zuweilen wage ich mich in der Küche an die verrücktesten Kreationen heran. Auf meine veganen Spareribs bin ich wirklich stolz, denn sie sehen tatsächlich so aus wie der amerikanische Barbecue-Klassiker aus Schweinefleisch. Und seien wir mal ehrlich: Viele Fleischesser essen die Rippchen auch nur wegen der würzigen BBQ-Sauce, die man dazu genießt.

Für 4 Personen · Zubereitungszeit: 30 Minuten
Garzeit: 15 Minuten plus 5 Minuten

Spareribs: 1 l Gemüsebrühe • 4 große Sojasteaks (siehe „Soja-Fleischersatz", Seite 13) • 3–4 Pastinaken • **BBQ-Sauce:** 1 Knoblauchzehe • 1 rote Paprikaschote • 1 milde Zwiebel • 15 ml Olivenöl • 100 ml Rotwein • 30 g Ketchup • 40 g Zucker • 2 EL vegane Worcestersauce (Bezugsquelle siehe Seite 76) • 2–3 Tropfen Liquid Smoke (siehe Seite 14) • 15 ml Ahornsirup • 3 g Pimentón de la Vera (siehe Seite 14) • 10 Tropfen Chilisauce • 15 ml Tamari (siehe „Sojasauce", Seite 15) • 100 ml Wasser

Für die Spareribs die Gemüsebrühe erhitzen und darin die Sojasteaks 15 Minuten zugedeckt quellen lassen. Anschließend herausnehmen und gut ausdrücken. Die Pastinaken schälen und in etwa 5 Millimeter dicke Stifte schneiden.

Die Sojasteaks auf der schmalen Seite mit einem scharfen Messer in regelmäßigen Abständen tief einstechen und in jede Öffnung einen Pastinakenstift schieben (siehe Foto).

Für die BBQ-Sauce zunächst die Knoblauchzehe schälen und durchpressen, dann die Paprikaschote waschen, Strunk, Kerne und weiße Häutchen sorgfältig entfernen und das Gemüse in feine Würfel schneiden. Die Zwiebel schälen, fein würfeln und in Olivenöl glasig andünsten. Paprikawürfel und Knoblauch dazugeben, alles gut verrühren und bei geringer Hitze zugedeckt dünsten, bis die Paprikawürfel weich sind. Die restlichen Zutaten bis auf das Wasser unterrühren, das Ganze weitere 15 Minuten köcheln lassen und anschließend glatt pürieren. Das Wasser dazugeben und die Sauce bei mittlerer Hitze im offenen Topf zu einer dickflüssigen Sauce einkochen.

Zum Fertigstellen der Spareribs die Sojafleisch-Stücke und die herausstehenden Enden der Pastinakenstifte rundum großzügig mit der Sauce einpinseln (für jedes Sojastück ungefähr 2 Esslöffel Sauce verwenden) und 15 Minuten marinieren lassen.

Den Grill einheizen und die Spareribs darauf ungefähr 5 Minuten nicht zu dunkel grillen. Nach der Hälfte der Zeit umdrehen.

Tipp: Wenn kein BBQ-Wetter ist oder Sie keinen Grill besitzen, können Sie die Spareribs natürlich auch ohne Fett in der Pfanne braten.

Irish Stew

Irland – da denkt man an dunkles Bier und deftigen Lammfleischeintopf. Eine vegane Alternative zu diesem Gericht hatte ich schnell erdacht, zumal sich gerade bei Eintöpfen das Fleisch perfekt durch Sojaprodukte ersetzen lässt. .

Für 4 Personen · Zubereitungszeit: 20 Minuten · Garzeit: 30 Minuten

100 g Sojamedaillons (siehe „Soja-Fleischersatz", Seite 13) • 1 l Gemüsebrühe • 200 g Karotten • 2 Zwiebeln • 1 Stängel Staudensellerie • 500 g kleine Kartoffeln (am besten von der Sorte La Ratte) • 10 ml Rapsöl • 2 Zweiglein Thymian • 1 Lorbeerblatt • ½ l dunkles Bier • etwas frisch gemahlener schwarzer Pfeffer • **Zum Garnieren:** 1 Handvoll glatte Petersilie, fein gehackt

Die Sojamedaillons 15 Minuten in der Gemüsebrühe kochen.

Währenddessen die Karotten schälen und in etwa 5 Millimeter dicke Scheiben schneiden. Die Zwiebeln schälen und grob hacken. Den Staudensellerie waschen, der Länge nach vierteln und in kleine Würfel schneiden. Die Kartoffeln gründlich waschen und halbieren.

Die Sojamedaillons aus der Brühe nehmen und gut ausdrücken, die Brühe zur Seite stellen.

In einem großen Topf das Rapsöl erhitzen und die Medaillons darin anbraten. Sobald sie goldbraun werden, Thymianzweiglein, Lorbeerblatt, Bier und 500 Milliliter der Gemüsebrühe dazugeben und das Ganze einmal aufkochen lassen.

Das Gemüse in den Topf geben, mit Pfeffer würzen und das Stew bei geringer Hitze zugedeckt 30 Minuten sanft köcheln lassen.

Nach etwa der Hälfte der Kochzeit den Eintopf vorsichtig umrühren und gegebenenfalls noch einmal nachwürzen. Kurz vor dem Servieren 1 Handvoll fein gehackte Petersilienblätter über das Irish Stew streuen.

Tipp: Traditionell wird Irish Stew mit einem dunklen, sehr malzigen Stout zubereitet. Aber Sie sollten wissen, dass viele irische Biere immer noch mithilfe von Gelatine (aus Fischkollagen oder tierischen Knochen) gefiltert werden. Bei deutschen Brauereien wird das meist anders gehandhabt. Um sicherzugehen, dass Ihr Bier tatsächlich vegan ist, informieren Sie sich am besten im Internet (siehe Seite 76).

Golden Nuggets

Dies ist eine köstlich knusprige, vegane Abwandlung der klassischen Nuggets aus Hühnerfleisch. Keine Frage, natürlich können Sie pflanzliche Nuggets auch fertig im Bioladen kaufen, aber es ist wirklich einfach, sie selbst zuzubereiten. Mit Kichererbsen, Sojamilch und den richtigen Gewürzen werden ihnen wahre Leckerbissen gelingen.

Für 20 Nuggets · Zubereitungszeit: 25 Minuten · Garzeit: 1 Stunde

Nuggets: 250 gekochte Kichererbsen • 10 g Tapioka (siehe Seite 13) • 150 ml Sojamilch natur • 20 g scharfer Senf • 1 g frisch geriebene Muskatnuss • 5 g feines Meersalz • 4 frische Salbeiblätter • 60 g gemahlene Mandeln • 20 g Würz-Hefeflocken (siehe Seite 15) • 15 ml Rapsöl • etwas frisch gemahlener schwarzer Pfeffer • 150 g Glutenmehl (siehe Seite 12) • **Panade:** 60 g Weizenmehl • 2 g Knoblauchpulver • 1 gute Prise Salz • 100 ml lauwarmes Wasser • 50 g Panko-Mehl (siehe Seite 12)

Für die Nuggets Kichererbsen, Tapioka, Sojamilch, Senf, Muskat und Salz in einer großen Schüssel mischen und das Ganze pürieren. Die Salbeiblätter fein hacken, mit den restlichen Zutaten (außer dem Glutenmehl) in das flüssige Püree hineinrühren und die Masse noch einmal pürieren. Das Glutenmehl einarbeiten und das Ganze zu einem glatten und geschmeidigen Teig verkneten. Zwei leicht flache Würste aus dem Teig formen und jede einzeln in Frischhaltefolie einwickeln. Etwa 1 Stunde dampfgaren (siehe Seite 17).

Die fertig gegarten Würste umgehend aus der Folie nehmen, vollständig abkühlen lassen und in etwa 1½ Zentimeter dicke Nuggets schneiden.

Für die Panade in einem Suppenteller Weizenmehl, Knoblauchpulver, Salz und das lauwarme Wasser mit dem Schneebesen klümpchenfrei verrühren.

In einen anderen Teller das Panko-Mehl geben.

Die Nuggets zuerst in dem Mehlwasser und dann im Panko-Mehl wälzen.

Die Fritteuse auf 180 °C erhitzen und die panierten Nuggets in kleinen Mengen jeweils 2 Minuten frittieren. Darauf achten, dass sie nicht zusammenkleben.

Tipp: Die frittierten Nuggets halten sich im Kühlschrank mehrere Tage, lassen sich aber auch gut einfrieren. Die (aufgetauten) Nuggets können Sie in einer Pfanne ohne Fett auf jeder Seite einige Minuten anbraten.

Orientalische Köfte

Von Köfte gibt es unendlich viele Spielarten – von Südosteuropa über den Nahen Osten bis nach Indien hat jede Region ihre eigene Art von Hackfleischzubereitung. Meine veganen Köfte verdanken ihre arabische Note der Würzmischung Ras el-Hanout. Ich bereite sie am Spieß zu – eine indische Variante.

Für 8 Spießchen · Zubereitungszeit: 25 Minuten · Garzeit: 10 Minuten

1 weiße Zwiebel • 1 Knoblauchzehe • 10 g frischer Koriander • 10 g glatte Petersilie • 100 g feine Sojaschnetzel (siehe „Soja-Fleischersatz", Seite 13) • 5 g Ras el-Hanout (siehe Seite 15) • 2 g Kreuzkümmelsamen • 5 g feines Salz • 250 ml Wasser • etwas frisch gemahlener schwarzer Pfeffer • 90 g Kichererbsenmehl • 2 g mildes Chilipulver •
Zum Anbraten: 2–3 EL Olivenöl

Für die Köfte-Masse die Zwiebel und die Knoblauchzehe schälen, klein hacken und in eine große Schüssel geben. Die frischen Kräuter waschen, trocken schütteln, ebenfalls fein hacken und dazugeben. Das Ganze beiseitestellen.

In einem Topf Sojaschnetzel, Ras el-Hanout, Kreuzkümmelsamen und Salz vermischen und mit Wasser aufgießen, bis die Schnetzel bedeckt sind. Die eingeweichten Schnetzel aufkochen und ungefähr 10 Minuten zugedeckt köcheln lassen. Die fertigen Schnetzel mit dem gewürzten Kochwasser sofort in die Schüssel mit Zwiebel, Knoblauch und Kräutern geben, mit Pfeffer würzen und alles gut vermengen (durch die heiße Flüssigkeit werden Zwiebel, Kräuter und Gewürze leicht gegart). Abkühlen lassen.

Kichererbsenmehl und Chilipulver zu der Sojaschnetzel-Masse geben und alles zu einem kompakten Teig verkneten.

Zum Fertigstellen der Köfte-Spießchen aus dem Teig mit den Händen 8 längliche Würste formen. Jede Wurst auf ein Spießchen stecken und gut festdrücken. Mindestens 10 Minuten unbedeckt ruhen lassen.

Die Spießchen in einer Pfanne in Olivenöl auf jeder Seite etwa 5 Minuten anbraten. Alternativ können die Köfte auch im Backofen-Grill oder auf dem Gartengrill gegart werden.

Tipp: Ein wahrer Traum sind die Köfte mit einer orientalischen Sesamsauce. Verrühren Sie dazu etwas Sesammus mit Zitronensaft und würzen Sie die Sauce mit Salz und Knoblauch.

Tandoori-Fleisch

In der indischen Esskultur finden sich zahlreiche vegane Gerichte, doch ganz fleischlos ernähren sich selbst die Inder nicht. Viele Tandoori-Gerichte werden traditionell mit Hühnchenfleisch und einer fein abgestimmten Gewürzmischung zubereitet. Meine vegane Tandoori-Variante steht dem Original in nichts nach!

Für 4 Personen · Zubereitungszeit: 25 Minuten · Garzeit: 1 Stunde
Backzeit: 20 Minuten

Tandoori-Fleisch: 150 g Glutenmehl (siehe Seite 12) • 35 g gemahlene Mandeln • 10 g Würz-Hefeflocken (siehe Seite 15) • 5 g Zwiebelpulver • 4 g Garam-Masala-Gewürzmischung (siehe Seite 14) • 6 g feines Meersalz • 300 ml Sojamilch natur • 2–3 EL Rapsöl • **Marinade:** 1 Knoblauchzehe • 10 g frischer Ingwer • 100 ml Sojacreme (siehe Seite 12) • 50 g vegane Tandoori-Paste (siehe Seite 15) • Saft von ½ Zitrone • **Zum Garnieren:** 4 Zitronenschnitze

Für das Tandoori-Fleisch alle trockenen Zutaten in einer Schüssel vermischen. Nach und nach die Sojamilch dazugeben und das Ganze zu einem glatten Teig verkneten. Den Teig in 5 gleich große Portionen aufteilen und jede zu einer länglichen Wurst formen, in Frischhaltefolie einwickeln und 1 Stunde dampfgaren (siehe Seite 17).

Für die Marinade in der Zwischenzeit die Knoblauchzehe schälen und durchpressen, den Ingwer ebenfalls schälen und fein reiben. In einer Schale die Sojacreme mit der Tandoori-Paste verrühren. Knoblauch und Ingwer unterziehen, den Zitronensaft dazugeben und alles sorgfältig verrühren.

Zum Fertigstellen des Tandoori-Fleischs die fertig gegarten Würste umgehend aus der Folie nehmen, einmal der Länge nach durchschneiden und abkühlen lassen. Anschließend die Wursthälften in der Marinade wenden, bis sie auf allen Seiten gut bedeckt sind. Die marinierten Wursthälften mindestens 1 Stunde ruhen lassen.

In der Zwischenzeit den Backofen auf 180 °C vorheizen. Die marinierten Wursthälften auf ein mit Backpapier ausgelegtes Backblech geben und 20 Minuten garen. Nach 10 Minuten mit etwas Rapsöl beträufeln.

Das Tandoori-Fleisch aus dem Ofen nehmen, auf einer Platte anrichten und mit den Zitronenschnitzen garnieren.

Hinweis: In Indien wird diese Spezialität in einem Tandoor – einem speziellen Ofen, der dem Gericht seinen Namen gab – gebacken. „Tandoori" wird außerdem eine spezielle Gewürzmischung genannt, die bei diesem indischen Klassiker unverzichtbar ist. Sie wird als Paste oder auch als Pulver angeboten. Achten Sie darauf, dass Sie wirklich eine vegane Tandoori-Paste kaufen, denn oft wird das natürliche Rotbraun durch die Zugabe des Farbstoffs Karmin intensiviert, der aus Schildläusen gewonnen wird. Nur ohne Karmin ist Ihre Tandoori-Paste also wirklich vegan (siehe Bezugsquelle Seite 76).

Bezugsquellen

Die folgenden veganen Zutaten finden Sie bei den aufgeführten Internetanbietern in Bio-Qualität.

Biere: Welche Biere veganen Regeln entsprechend gebraut werden, erfahren Sie unter *www.barnivore.com/beer.*
Garam-Masala-Gewürzmischung: *www.culinarico.de, www.zauberdergewuerze.de*
Harissa: *www.culinarico.de, www.biosho.ch*
Liquid Smoke: *www.matjes-hering.de*
Pimentón d'Espelette: *www.culinarico.de*
Pimentón de la Vera: *www.culinarico.de*
Ras el-Hanout: *www.culinarico.de, www.zauberdergewuerze.de*
Tamari: *www.foodoase.de*
Tandoori-Paste: *www.veganbasics.de*
Worcestersauce: *www.amorebio.de*

Eine Liste von Anbietern veganer Lebensmittel finden Sie zudem bei:

Tierschutzorganisation PeTA: *www.peta2.de/web/einkaufsguide.401.html*
Vantastic Foods: *http://vantastic-foods.com* (mit eigenem Versand; auf dieser Website finden Sie zudem eine ausführliche Bezugsquellenliste)

Allgemeine Informationen über vegane Ernährung:

Vegane Gesellschaft Deutschland e.V.: *www.vegane-gesellschaft.org* (mit Einkaufsführer und Produktinformationen)
Vegane Gesellschaft Österreich: *www.vegan.at*
Vegane Gesellschaft Schweiz: *www.vegan.ch* (mit Einkaufsführer und Produktinformationen)

Dank

Mein ganz besonderer Dank gilt Monsieur Paolo, der alle meine Rezepte ausprobiert hat und mir sowohl mit seinem kulinarischen Wissen als auch mit seinem ausgeprägten Geschmacksempfinden eine wertvolle Hilfe war. Die Firma *Wismer* (*www.wismer.fr*) hat mir freundlicherweise eine Schneidemaschine sowie einen Fleischwolf zur Verfügung gestellt. Auch hierfür ein herzliches Dankeschön.

Titel der Originalausgabe: *Ma Petite Boucherie vegan*, erschienen bei *Editions La Plage*, Paris

Translation Rights arranged with *Editions La Plage*, Paris

3. Auflage, April 2021

Lektorat: Dr. Ulrike Oberländer, Martina Klose
Korrektorat: Ute Orth
Fotos und Food Design: Laura Veganpower
Gestaltung: Kurt Liebig
Druck: Dimograf Sp z o.o., Bielsko-Biała/Polen

Hans-Nietsch-Verlag
Industriestraße 20
64380 Roßdorf

www.nietsch.de
info@nietsch.de

ISBN 978-3-86264-383-7